ЛЕГКО ЧИТАЕМ ПО-НЕМЕЦКИ

САМЫЕ СМЕШНЫЕ РАССКАЗЫ

DIE LUSTIGSTEN GESCHICHTEN

Адаптация текста, комментарии,
упражнения и словарь
Н.В. Богдановой

W0472772

Lingua
Москва
Издательство АСТ

УДК 811.112.2(075.4)
ББК 81.2Нем-93
С17

Дизайн обложки А.И. Орловой

С17 **Самые** смешные рассказы = Die lustigsten Geschichten / Адаптация текста, комментарии, упражнения и словарь Н. В. Богдановой — Москва : Издательство АСТ, 2021. — 128 с. — (Легко читаем по-немецки).

ISBN 978-5-17-116865-0

В издание вошли веселые и запоминающиеся рассказы для чтения на немецком языке. Для удобства читателя рассказы дополняются лексическим комментарием и словарем. Каждый рассказ сопровождается блоком упражнений для проверки понимания текста, а также для закрепления новой лексики и развития речевых навыков.

Издание предназначено для начинающих изучать немецкий язык (уровень 1 — для начинающих).

УДК 811.112.2(075.4)
ББК 81.2Нем-93

© Богданова Н. В., адаптация текста, комментарии и словарь, 2019
© ООО «Издательство АСТ», 2021

ISBN 978-5-17-116865-0

DIE LUSTIGSTEN GESCHICHTEN

I. Till Eulenspiegel und ein alter Mann

Einmal kommt zu Eulenspiegel ein alter Mann, der in der ganzen Stadt als geizig bekannt ist. Er hat eine Bitte: Till soll ihm einen Korb mit teurem Geschirr in die Wohnung tragen. **Als Lohn**[1] verspricht ihm der Alte 10 Pfennig.

Aber unterwegs sagt der Mann: „Till, du bist noch jung und kannst noch viele Jahre lang Geld verdienen. Ich zahle dir nur 9 Pfennig.“ Till ist einverstanden. Ein paar Straßen weiter will der Alte ihm nur 8 Pfennig zahlen, dann nur noch sieben. Ein paar Pfennige sind besser als

---

[1] **Als Lohn** — в качестве платы (*вознаграждения*)

gar nichts, denkt Till und trägt den Korb weiter. Wenn sie endlich zum Haus des Alten kommen, will er nur einen Pfennig zahlen. Dann sagt er: „Till, wenn du diesen Pfennig nicht willst, gebe ich dir eine gute Lehre."

Till sagt nichts und der Alte spricht weiter: „Wenn man dir sagt, Hunger ist besser als ein voller Magen, so glaube es nicht."

„Wenn man dir sagt, **zu Fuß gehen ist angenehmer als im Wagen fahren**[1], so glaube es nicht."

„Wenn man dir sagt, ein Armer lebt besser als ein Reicher, so glaube es nicht."

Till **schleppt wortlos den Korb die Treppe hinauf**[2]. **Wenn er oben ist**[3], sagt er: „Hör Alter! Auch ich will dir eine

---

[1] **. . . zu Fuß gehen ist angenehmer als im Wagen fahren** — ходить пешком приятнее, чем ездить в карете

[2] **schleppt wortlos den Korb die Treppe hinauf** — тащит молча корзину вверх по лестнице

[3] **Wenn er oben ist** — наверху

gute Lehre geben. Wenn man dir sagt, in diesem Korb ist nichts zerbrochen, so glaube es nicht.“

Und mit diesen Worten **wirft** er **den Korb hinunter**[1], so dass das Geschirr kaputt ist.

---

[1] **wirft den Korb hinunter** — сбрасывает корзину вниз

УПРАЖНЕНИЯ

1. Ответь на вопросы к тексту.

1) Was für ein Mann kommt zu Till?

2) Was ist in seinem Korb?

3) Wohin soll Till den Korb tragen?

4) Wie groß ist der versprochene Lohn (обещанное вознаграждение)?

5) Hält der Alte sein Wort (держит ли старик свое слово)?

6) Was macht Till mit dem Korb, wenn er oben ist?

2. Соедини начала предложений с их концовками.

1.	Der Alte ist in der ganzen Stadt als

2.	Der Alte verspricht
3.	Till schleppt den Korb
4.	Der Alte sagt Till eine Lehre
5.	Ein Armer geht zu Fuß, und ein Reicher
6.	Till bestraft
a.	in die Wohnung des Alten
b.	um ihm nicht zu zahlen (*чтобы ему ничего не платить*)
c.	ihm 10 Pfenning als Lohn
d.	den geizigen Alten
e.	geizig bekannt
f.	fährt im Wagen

1.	2.	3.	4.	5.	6.

3. Из букв немецкого алфавита, составь как можно больше слов, встречающихся в тексте.

M E R N O K T H
B D I L A G

4. Заполни пропуски в предложениях, используя слова и словосочетания, данные под чертой.

1) Till sollte den Korb ________________ tragen.

2) Till kann viele Jahre lang Geld ________________.

3) Wenn der Korb schon oben ist, will der Alte ihm nichts ________________.

4) Der Alte will Till ________________ geben.

5) Till schleppt den Korb ____________.

6) Der Korb fällt hinunter und das Geschirr ist ________________.

---

verdienen, kaputt, die Treppe hinauf, zahlen, mit teurem Geschirr, ein gute Lehre

5. Дополни предложения словами из текста.

1) Ein alter Mann bittet Till, seinen ________________ zu tragen.

2) Das war ein Korb mit teurem ______________________________.

3) Till schleppte den Korb ____________ hinauf.

4) Ein reicher Mann fährt im ________________.

6. Отметь правильные предложения буквой *r* — *richtig*, а неправильные буквой *f* — *falsch*.

1.	Einmal kommt zu Eulenspiegel ein junger Mann.	
2.	Als Lohn verspricht ihm der Alte 10 Pfennig.	
3.	Hunger ist besser als ein voller Magen.	
4.	zu Fuß gehen ist angenehmer als im Wagen fahren.	
5.	Till schleppt wortlos den Korb die Treppe hinunter.	
6.	Der Alte wirft den Korb hinunter.	

7. Расскажи содержание прочитанной истории, пользуясь следующим планом.

1) Однажды подходит к Тилю Уленшпигелю старик и просит ему помочь.

2) Тиль согласен.

3) Он берёт корзину с посудой и несёт её на квартиру старика.

4) Старик обещает Тилю за работу 10 пфеннигов.

5) Но этот старик очень жадный.

6) Он даёт Тилю не деньги, а советы.

7) Тиль наказывает жадного старика.

8) Он сбрасывает корзину вниз.

9) Посуда разбивается.

II. Gott bestimmt allen Lebewesen ihre Lebenszeit

I

der Esel: Wie lange soll ich leben?

Gott: 30 Jahre. Ist dir das recht?

der Esel: Ach, das ist eine lange Zeit. Und mein Leben ist schwer. Der Rücken tut mir weh von den Schlägen, die ich zum Dank für meine Arbeit bekomme. Lass mich nicht so lange leben.

Gott: Gut, dann sollst du nur 18 Jahre leben.

УПРАЖНЕНИЯ

1. Составь ответы на вопросы к тексту, используя слова справа в правильной форме.

1.	Wie lange soll der Esel leben?	leben, 30, der Esel, Jahre
2.	Warum will er so lange nicht leben?	sehr, sein Leben, schwer, ist
3.	Was soll er täglich machen?	soll, er, tragen, schwere Lasten
4.	Wie viel Jahre erhält er vom Gott?	18 Jahre, er, erhält vom Gott

2. Заполните пропуски, используя слова, данные под чертой.

1) Dem Esel tut der ________________ weh.

2) Von morgens bis ______________ muss er schwere Lasten ________________.

3) Zum Dank für seine ______________ bekommt er ______________ Schläge.

Arbeit, nur, Rücken, abends, tragen

II

Gott: Dem Esel sind 30 Jahre zu viel. Aber du hast wohl nichts dagegen?

der Hund: Willst du wirklich, da ich so lange lebe? Du weißt, wie viel ich laufen muss. 30 Jahre halten meine Füße das nicht aus. Und wenn ich alt bin, dann kann ich nur von einer Ecke in die andere laufen und aufpassen, dass mich die Kinder nicht schlagen.

Gott: Der Hund hat recht. Ich schenke dir 18 Jahre.

УПРАЖНЕНИЯ

1. Составь ответы на вопросы к тексту, комбинируя слова и формы справа.

1.	Warum will der Hund 30 Jahre nicht leben?	hat, ein schweres Leben, er, auch
2.	Was muss er den ganzen Tag tun?	er, laufen, muss, viel
3.	Warum spielt der Hund mit den Kindern nicht?	ist, er, alt

4.	Was gefällt dem Hund nicht?	er, aufpassen, muss, dass ihn, nicht, schlagen, die Kinder

2. Заполни пропуски, используя слова, данные под чертой.

1) Der Hund muss viel ______________.

2) Seine ________________ halten das nicht aus.

3) Der alte Hund kann nur von einer ______________ in andere laufen.

4) Der Hund hat ______________.

Füße, recht, Ecke, laufen

III

Gott: Du möchtest gern 30 Jahre lang leben? Du brauchst nicht so zu arbeiten wie der Esel und so zu laufen wie der Hund. Und du bist **immer guter Laune**[1]!

der Affe: Ach, das sieht nur so aus, ist aber anders. Immer soll ich lustig sein, denn die Leute wollen über mich lachen. Und wenn sie mir den Apfel geben, so ist er sauer. Nein, 30 Jahre halte ich nicht aus.

Gott: Ich mache es dir leichter, Ich schenke dir 10 Jahre.

---

[1] **immer guter Laune** — всегда в хорошем настроении

УПРАЖНЕНИЯ

1. Составь ответы на вопросы к тексту, комбинируя слова и формы справа.

1.	Ist der Affe immer guter Laune?	Ja, ist, er lustig, immer
2.	Soll der Affe viel arbeiten?	Nein, viel, er, nicht, zu arbeiten, braucht
3.	Warum soll der Affe immer lustig sein?	die Leute, über ihn, lachen, wollen
4.	Was bekommt der Affe von den Menschen?	bekommt, der Affe, einen, Apfel, sauren

2. Заполни пропуски, используя слова, данные под чертой.

1) Der Affe braucht nicht so wie ______________ zu laufen.

2) Das ______________ nur so aus.

3) Die Leute geben dem Affen den ______________ Apfel.

4) Ich ____________________ immer guter Laune.

---

sieht, bin, sauren, der Hund

IV

Gott: 30 Jahre sollst du leben. Ist das dir genug?

der Mensch: Warum eine so kurze Zeit? Wenn ich mein Haus gebaut habe und mit harter Arbeit etwas erreicht habe, dann soll ich schon sterben?

Gott: Meinetwegen. Ich gebe dir die 12 Jahre des Esels, und die 18 Jahre des Hundes.

der Mensch: Immer noch zu wenig!

Gott: Gut, ich gebe dir noch die 10 Jahre des Affen, Aber mehr erhältst du nicht!

УПРАЖНЕНИЯ

1. Составь ответы на вопросы к тексту, комбинируя слова и формы справа.

1.	Wie viel Jahre soll der Mensch leben?	30 Jahre, er, leben, soll
2.	Reicht das ihm?	Nein, ist, es, für ihn, genug, nicht
3.	Wie viel Jahre schenkt ihm der Gott?	bekommt, noch, der Mensch, 18 Jahre des Esels
4.	Ist der Mensch zufrieden?	immer noch, ihm, ist, zu wenig, es, nein

2. Заполните пропуски, используя слова, данные под чертой.

1) 30 Jahre sind dem Menschen ______ wenig.

2) Ich gebe dir 12 Jahre des ______________.

3) Ich soll sterben, wenn ich etwas ______________ habe.

4) Du bekommst ______________ nicht.

---

mehr, erreicht, zu, des Hundes

3. Отметь правильные предложения буквой *r* — *richtig*, а неправильные буквой *f* — *falsch*.

1.	Der Esel soll schwere Lasten tragen.	
2.	Der Hund muss wenig laufen.	
3.	Der Affe muss immer traurig sein.	

4.	Die Leute geben dem Affen einen süßen Apfel.	
5.	Der Mensch ist zufrieden.	

III. Im Zoogeschäft

Ein Mann kommt in ein Zoogeschäft. Er will einen Papagei kaufen. Er zeigt auf einen Papagei und fragt nach dem Preis.

Der Verkäufer sagt: „Dieser kostet 50 Mark."

— „Warum so teuer?" — will der Mann wissen.

— „Er kann sprechen," — ist die Antwort. Da zeigt der Mann auf einen anderen Papagei.

— „Dieser kostet 100 Mark, denn er spricht englisch," sagt der Verkäufer.

— „Und dieser da?"

— „500 Mark."

— „Na ja," meint der Mann, „er spricht wahrscheinlich fünf Sprachen?"

— „O nein," antwortet der Verkäufer. „Er spricht nicht, er kann nicht sprechen, aber er kann gut zuhören."

— „Na ja," sagt der Mann. „Reden ist Silber, Schweigen ist Gold."

УПРАЖНЕНИЯ

1. Ответь на вопросы к тексту.

1) Was wollte der Mann im Zoogeschäft kaufen?

2) Was kostet der erste Papagei? Und warum?

3) Welche Sprache kann der zweite Papagei sprechen?

4) Was kostet der dritte Papagei und wie viel Sprachen spricht er?

2. Скажи «да» или «нет».

1.	Ich kann Deutsch lesen.	Ich kann nicht Deutsch lesen.

2.	Peter kann gut schwimmen.	Peter ______________.
3.		Franka und Erich können nicht Englisch sprechen.
4.	Mein Freund kann mir gut zuhören.	
5.		Wir können nicht Federball spielen.
6.	Sie können den Papagei kaufen.	

3. Раскрой скобки, поставь глаголы в форму 3-го лица единственного числа.

1) Der Mann (kommen) in ein Geschäft.

2) Der Mann (zeigen) auf einen Papagei.

3) Der Mann (fragen) nach dem Preis.

4) Der Verkäufer (antworten) dem Mann.

5) Der Papagei (kosten) 100 Mark.
6) Der Papagei (sprechen) englisch.
7) Der Papagei (hören) gut zu.
8) Der Papagei (schweigen).

4. Прочитайте смешную историю по ролям.

IV. Der Löwe und die Maus

Ein Löwe schläft in seiner Höhle; um ihn her spielen lustige Mäuse. Plötzlich fällt ein Mäuschen auf den Löwen herab und weckt ihn. Der Löwe hält das Mäuschen mit seiner großen Pranke fest. „Ach, sei doch gut! Ich will dich nicht stören. Schenke mir das Leben, ich will dir immer dankbar sein!“ — bittet das Mäuschen „Lauf!“ sagt der Löwe und lässt das Mäuschen springen.

Der Löwe aber lacht: „Dankbar sein! Wie kann ein Mäuschen einem Löwen seine Dankbarkeit zeigen?“

Kurze Zeit darauf läuft das Mäuschen durch den Wald und sucht sich Nüsse.

Da hört es das klägliche Gebrüll eines Löwen.

„Er ist in Gefahr," spricht es bei sich und läuft zu ihm. Es sieht den Löwen in einem Netz.

„Warte nur, mein Freund," sagt das Mäuschen. „Da kann ich dir wohl am besten helfen."

Es zernagt die Stricke des Netzes und befreit den Löwen. So hat das kleine Mäuschen dem mächtigen Löwen das Leben gerettet.

УПРАЖНЕНИЯ

1. Ответь на вопросы к тексту.

1) Wer schläft in seiner Höhle?
2) Wer spielt um den Löwen her?
3) Was macht das Mäuschen?
4) Was will das Mäuschen?
5) Warum lacht der Löwe?
6) Was hört das Mäuschen kurze Zeit darauf?
7) Wen sieht es in einem Netz?
8) Wie hilft das Mäuschen dem Löwen?

2. Поставь глаголы в нужную форму в настоящем времени.

1) Der Löwe (schlafen) in der Höhle > Der Löwe schläft in der Höhle.

2) Das Mäuschen (fallen) auf den Löwen herab.

3) Das Mäuschen (wecken) den Löwen.

4) Der Löwe (halten) das Mäuschen.

5) Das Mäuschen (sprechen) mit dem Löwen.

6) Das Mäuschen (laufen) durch den Wald.

7) Es (suchen) die Nüsse.

8) Das Mäuschen (sehen) den Löwen in einem Netz.

9) Es (befreien) den Löwen.

10) Das Mäuschen (retten) das Leben dem Löwen.

3. Отметь правильные предложения буквой *r* — *richtig*, а неправильные буквой *f* — *falsch*.

1.	Der Löwe schläft in der Höhle.	
2.	Um den Bären her spielen lustige Mäuse.	

3.	Der Löwe hält das Mäuschen mit seiner großen Pranke fest.	
4.	Der Löwe und lässt das Mäuschen springen.	
5.	Kurze Zeit darauf läuft das Mäuschen durch den Wald und sucht sich Pilze.	
6.	Da hört es das klägliche Gebrüll eines Löwen.	
7.	Das Mäuschen sieht den Hasen in einem Netz.	
8.	Das Mäuschen zernagt die Stricke des Netzes und befreit den Löwen.	
9.	Das kleine Mäuschen hat dem mächtigen Löwen das Leben gerettet.	

4. Дополни предложения словами из текста.

1) In seiner Höhle schläft ______________.
2) In der Nähe spielen ______________.

3) Der Löwe hält das Mäuschen mit seiner ____________________ fest.

4) Das Mäuschen sucht im Wald ____________________.

5) Das Mäuschen sieht den Löwen in einem ____________________.

5. Умеешь ли ты быть вежливым? Выучи следующие волшебные слова.

Danke! — Спасибо!

Bitte! — Пожалуйста!

Entschuldigen Sie mich bitte! — Извините, пожалуйста!

Verzeihen Sie mir bitte! — Простите, пожалуйста!

Wie bitte? — Повторите ещё раз!

Wie geht's dir? — Как твои дела?

Auf Wiedersehen! — До свидания!

Alles Gute! — Всего доброго!

6. Расскажи прочитанную сказку, пользуясь следующим планом.

1) Лев спит в своей пещере.

2) Мышка играет рядом и падает на него.

3) Лев ловит мышку.

4) Мышка просит подарить ей жизнь.

5) Лев отпускает её.

6) Вскоре лев попадает в сеть.

7) Мышь разгрызает сеть и освобождает льва.

V. Die Rose und das Gänseblümchen

Die Rose ist die Königin der Blumen. Heute hat sie Geburtstag. Sie ist besonders schön. Alle bewundern die schöne Königin. Viele Blumen kommen und gratulieren ihr. Zuerst kommt eine rote Tulpe, dann kommen eine weiße Lilie, eine gelbe Butterblume, eine violette Gladiole. Es kommen auch kleine Blumen. Alle Blumen wünschen der Rose viel Glück. Im grünen Gras steht eine weiße Blume. Sie ist sehr klein, aber schön. Diese Blume geht nicht zur Rose. Sie sagt still und bescheiden: „Ich wünsche dir auch viel Glück."

Die Rose hört das. Sie fragt: „Wie heißt du?“

Das Gänseblümchen nannte seinen Namen. Die Rose sagte: „Du bist so bescheiden. Ich habe dich nie gesehen. Du bist schöner als viele Blumen.“

Das Gänseblümchen ist froh. Es wird rot. Seit diesem Tag haben die Gänseblümchen schöne rote Ohrläppchen.

УПРАЖНЕНИЯ

1. Ответь на вопросы к тексту.

1) Wer ist die Königin der Blumen?

2) Welche Blumen kommen zum Geburtstag?

3) Was wünschen der Rose die Blumen?

4) Welche Blume kommt nicht zur Rose?

5) Wie ist das Gänseblümchen?

6) Was wünscht es der Rose?

7) Hört das die Rose?

8) Was sagt die Rose?

9) Was haben seit diesem Tag alle Gänseblümchen?

2. Ответь на вопросы, опираясь на текст и слова под чертой.

1) Wie ist die Lilie? Die Lilie ist ________________.

2) Wie ist die Rose? Die Rose ist ________________.

3) Wie ist die Butterblume? Die Butterblume ist ______________.

4) Wie ist die Gladiole? Die Gladiole ist ________________.

5) Wie ist das Blatt? Das Blatt ist ____________________.

6) Wie ist die Tulpe? Die Tulpe ist ______________.

7) Wie ist die Glockenblume? Die Glockenblume ist ________________.

---

rot, blau, gelb, grün, violett, rosa, weiß

3. Расскажи прочитанную сказку, пользуясь следующим планом.

1) Роза — королева цветов.

2) У Розы сегодня день рождения.

3) Приходят цветы и поздравляют Розу.

4) Красный Тюльпан, белая Лилия, желтый Одуванчик, все желают ей счастья.

5) Только Маргаритка не подходит к розе.

6) Она тихо и скромно тоже желает Розе счастья.

7) Роза спрашивает ее имя.

8) Маргаритка называет свое имя.

9) «Ты — красивая!» — говорит Роза Маргаритке.

10) Маргаритка краснеет от счастья.

11) С тех пор у маргариток два красных лепестка.

VI. Der schöne weiße Pelz

Im Wald fällt der erste Schnee. Der Igel denkt: „Ach? der Winter ist schon da, und ich bin noch nicht vorbereitet."

Schnell geht er durch den Wald und sucht trockene Blätter für ein warmes Bett. Da kommt ein Hase. Er ist ganz weiß. **Er hat einen warmen weißen Pelz an**[1].

„Guten Tag, Freund Igel!" ruft der Hase lustig.

„Guten Tag, Freund Hase! Woher hast du diesen schönen weißen Pelz?" fragt der Igel.

---

[1] **Er hat einen warmen weißen Pelz an.** — Он одет в теплую белую шубку.

„Gefällt er dir? Er ist sehr warm. Willst du auch einen Pelz haben? Kaufe einen“, sagt der Hase.

„Wo kann ich mir einen Pelz kaufen?“

„Dort unter jenem Baum“, zeigt der Hase und läuft fort. Der Igel läuft zu diesem Baum. Auf dem Baum sitzt ein Vogel.

Der Igel sagt: „Ich möchte auch gern einen weißen Pelz haben.“

„Hm, Igel. Wir haben nur Hasenpelze. Du musst dein Kleid ausziehen, dann bekommst du einen weißen Pelz.“

„Natürlich.“

Der Igel zieht sein Kleid aus und zieht den Pelz an. Er ist jetzt schön weiß. Und wie warm ist der neue Pelz? Der Igel geht in den Wald. Plötzlich steht ein Fuchs vor ihm. Er will den Igel fressen. Der Igel will den Fuchs stechen. Aber wo sind seine Stacheln? Schnell laufen kann er auch nicht. Zum Glück ist seine Wohnung nah. Er läuft schnell hinein.

Lange zittert der Igel vor Angst und sitzt in seinem Haus. Der Fuchs kann nicht hinein. Er ist zu groß. Er wartet, dann läuft er fort. Am anderen Tag geht der Igel wieder zum Baum und gibt den weißen Pelz ab. Er zieht sein Kleid wieder an. „Jetzt kann der Fuchs kommen“ dachte er. „Ich habe keine Angst. Mein Kleid **passt mir besser**[1] als der schöne weiße Hasenpelz.“

Und so geht der Igel auch heute noch im Winter in seinem Kleid.

---

[1] **passt mir besser** — мне больше идет

УПРАЖНЕНИЯ

1. Ответь на вопросы к тексту?

1) Was fällt im Wald?

2) Wie bereitet sich der Igel auf den Winter vor?

3) Wem begegnet der Igel?

4) Was hat der Hase an?

5) Was möchte der Igel?

6) Wo kauft der Igel einen weißen Pelz?

7) Wer steht vor dem Igel im Wald?

8) ann der Igel den Fuchs stechen?

9) Wo steckte sich der Igel?

10) Was zieht der Igel an anderem Tag aus und was zieht er an?

2. Дополни предложения словами из текста.

1) Im Wald fällt der erste __________.
2) Der Igel sucht trockene __________.
3) Der Igel begegnet ______________.
4) Auf dem Baum sitzt ein __________.
5) Plötzlich steht vor dem Igel ein ____________.

3. Раскрой скобки, употреби глаголы в форме настоящего времени (Präsens), 3-го лица единственного числа.

1) Der Igel (gehen) durch den Wald.
2) Der Hase (laufen) vorbei.
3) Auf dem Baum (sitzen) ein Vogel.
4) Der Igel (ziehen) sein Kleid aus.
5) Der Igel (kaufen) einen weißen Pelz.
6) Vor dem Igel (stehen) ein Fuchs.
7) Der Igel (geben) den Pelz ab.
8) Sein Kleid (passen) dem Igel besser.

4. Выбери правильный предлог и поставь артикль в нужном падеже.

(...) Wald fällt der erste Schnee.

Schnell geht er (...) Wald.

(...) Baum sitzt ein Vogel.

Der Igel läuft (...) Baum.

Und so geht der Igel auch heute noch (...) Winter (...) Kleid.

Lange zittert der Igel vor Angst und sitzt (...) Haus.

5. Расскажи прочитанную сказку, пользуясь следующим планом.

1) В лесу выпадает первый снег.

2) Еж готовится к зиме.

3) Мимо бежит заяц в белой шубке.

4) Еж тоже покупает белую шубку.

5) Вдруг ему встречается лиса.

6) Он хочет уколоть лису, но не может.

7) К счастью рядом его дом.

8) На следующий день он отдаёт белую шубку и одевает своё платье.

VII. Die Söhne

Zwei Frauen holen am Brunnen Wasser. Zu ihnen kommen eine dritte und ein alter Mann. Dieser setzt sich neben die Frauen auf einen Stein, um sich auszuruhen. Die eine Frau spricht zur andern: „Mein Sohn ist gewandt und stark — niemand kann mit ihm aufnehmen."

„Und meiner singt wie eine Nachtigall. Keiner hat so eine Stimme wie er", sagt die andere. Die dritte aber schweigt.

„Und was kannst du von deinem Sohn erzählen?" fragen die Nachbarinnen.

„Was ich erzählen kann?" antwortet die Frau. „Es ist nichts Besonderes an ihm."

Nun nehmen die Frauen ihre vollen Eimer und gehen. Auch der Alte macht sich auf den Weg. Bald aber bleiben die Frauen stehen, der Rücken tut ihnen weh, die Hände schmerzen und zittern. Sie verschütten Wasser. Plötzlich kommen ihnen drei Jungen entgegengelaufen. Einer schlägt flink und gewandt Purzelbäume. Die Frauen sind ganz entzückt von ihm. Der andere singt und trillert wie eine Nachtigall. Alle hören ihm bewundernd zu. Der dritte aber läuft gleich auf seine Mutter zu, nimmt ihr die schweren Eimer ab und trägt sie nach Hause. Die Frauen fragen den Alten: „Nun, was sagst du zu unseren Söhnen?“

„Wo sind sie denn?“ antwortet der Greis.

„ Ich sehe nur einen Sohn!“ Dabei zeigt er auf den Jungen, der seiner Mutter die Eimer abgenommen hat.

УПРАЖНЕНИЯ

1. Ответь на вопросы к тексту, опираясь на слова в скобках.

1) Was machen die Frauen am Brunner. (holen Wasser)

2) Wer setzt sich daneben? (ein alter Mann)

3) Wovon sprechen die Frauen? (von ihren Söhnen)

4) Wie ist der Sohn der ersten Frau? Was kann er machen? (gewandt, stark; Purzelbäume schlagen)

5) Was kann der Sohn der zweiten Frau machen? (wie eine Nachtigall singen)

6) Gibt es etwas Besonderes an dem dritten Jungen? (nichts)

7) Wer hilft seiner Mutter? (der dritte Junge)

8) Was sagt dazu der alte Mann? (es gibt nur einen Sohn)

2. Заполни пропуски в предложениях, используя слова под чертой.

1) Drei Frauen holen am Brunnen ____________________.

2) Daneben setzt sich ________________.

3) Ein Junge ist gewandt und ________.

4) Der zweite Junge ________________ wie eine Nachtigall.

5) Der dritte kann nichts _____________ machen.

6) Die Frauen tragen ihre vollen ________________________.

7) Der dritte Junge nimmt die schweren Eimer ab und trägt sie ______________.

Besonderes, nach Hause, Eimer, singt, Wasser, stark, ein alter Mann

3. Заверши предложения, выбирая слова за чертой. Обрати внимание на порядок слов в предложениях с модальными глаголами.

1.	Der erste Junge kann	nichts Besonderes machen.
2.	Der zweite Junge kann	Purzelbäume schlagen.
3.	Der dritte Sohn kann	nichts Interessantes erzählen.
4.	Die dritte Frau kann	seiner Mutter helfen.
5.	Der dritte Junge kann aber	schön singen.

4. Проспрягай глаголы, заполнив таблицу.

	tragen	schlagen	helfen	nehmen	sprechen
Ich					

	tragen	schlagen	helfen	nehmen	sprechen
Du					
Er, sie, es					
Wir					
Ihr					
sie, Sie					

4. Расскажи прочитанную историю, пользуясь следующим планом.

1) Три женщины брали воду у колодца.

2) Они говорили о своих сыновьях.

3) Рядом сидит старик.

4) Сын первой женщины ловкий и сильный.

5) Сын второй женщины поёт как соловей.

6) Третья женщина не может ничего особенного рассказать о своём сыне.

7) Все три берут полные вёдра и идут.

8) На встречу бегут три мальчика.

9) Один кувыркается.

10) Второй поёт.

11) Третий бежит к матери и берёт тяжёлые вёдра.

12) Женщины спрашивают старика: «Что ты скажешь о наших сыновьях.»

13) Старик показывает на третьего мальчика и говорит: «Я вижу только одного сына!»

VIII. Der süße Brei

Es war einmal ein armes Mädchen, das lebte mit seiner Mutter allein, und sie hatten nichts mehr zu essen. Da ging das Kind hinaus in den Wald, und begegnete ihm da eine alte Frau, die wusste seinen Jammer schon und schenkte ihm ein Töpfchen, zu dem sollt es sagen: „Töpfchen, koche", so kochte es guten Hirsebrei, und wenn es sagte: „Töpfchen, steh", so hörte es wieder auf zu kochen.

Das Mädchen brachte den Topf seiner Mutter heim, und **nun waren sie ihrer Armut und ihres Hungers ledig**[1] und aßen süßen Brei, so oft sie wollten. Einmal war

---

[1] **nun waren sie ihrer Armut und ihres Hungers ledig** — теперь они забыли о своих бедах и голоде

das Mädchen nicht zu Hause, da sprach die Mutter: „Töpfchen, koche."

Da kocht es, und sie isst sich satt. Nun will sie, dass das Töpfchen wieder aufhören soll, aber sie weiß das Wort nicht. Also kocht es fort, und der Brei **stiegt über den Rand hinaus**[1] und kocht immerzu, die Küche und das ganze Haus voll, und das zweite Haus und dann die Straße, als wollt's die ganze Welt satt machen, und ist die größte Not, und kein Mensch weiß sich da zu helfen.

Endlich, wie nur noch ein einziges Haus übrig ist, da kommt das Kind heim und spricht nur: „Töpfchen, steh", da steht es und hört auf zu kochen; und wer wieder in die Stadt wollte, **der musste sich durchessen**[2].

---

[1] **stiegt über den Rand hinaus** — вышла из краев

[2] **... der musste sich durchessen** — ... тот должен был съесть кашу на своем пути

УПРАЖНЕНИЯ

1. Ответь на вопросы.

Wer lebte einmal mit seiner Mutter allein?

Hatten sie etwas zum Essen?

Wohin ging das Kind?

Wem begegnete das Mädchen?

Was schenkte die Frau dem Kind?

War das Mädchen nicht zu Hause?

Was sprach die Mutter?

Hörte das Töpfchen auf den Brei zu kochen?

Kann jemand helfen?

Was sagte das Mädchen?

2. Дополни предложения словами из текста.

1) Es war einmal ein armes __________.

2) Das Kind ging in den ______________.

3) Das Mädchen begegnete da einer alten ________________.

4) Die Frau schenkte dem Kind ein ___________________.

3. Из групп слов построй предложения с правильным порядком слов.

1) brachte, das Töpfchen, das Mädchen, heim, seiner Mutter.

2) den süßen Brei, das Töpfchen, kochte

3) das Mädchen, einmal, war, nicht, zu Hause

4) weiß, das richtige Wort, die Mutter, nicht

5) das Haus, voll, und, waren, die Küche

6) endlich, das Mädchen, nach Hause, kam

4. Образуй три основные формы глагола, заполнив таблицу.

Infinitiv	Imperfekt	Partizip II
	sprach	
	wollte	
	aß	
	brachte	
	hörte	
	sagte	
	kochte	
	hatte	
	ging	
	begegnete	
	wusste	

4. Расскажи сказку, пользуясь следующим планом.

1) Жила была бедная девочка.
2) Однажды она пошла в лес.
3) В лесу она встретила старуху.

4) Старуха подарила девочке горшочек.

5) Девочка говорила волшебные слова и горшочек варил сам кашу.

6) Девочка и мама ели сладкую кашу.

7) Однажды девочки не было дома.

8) Мать поела кашу, а горшочек варил и варил кашу.

9) Вскоре весь дом и улица были полные каши.

10) Наконец пришла девочка и сказала: «Горшочек, стой!»

IX. Der Wolf und der Hirsch

Ein Hirsch findet einmal einen Wolf, der unter einem umgestürzten Baum liegt.

„Was ist mit dir los?“ spricht er verwundert.

Der Wolf sagt böse: „Frag nicht! Nimm den Baumstamm auf dein Geweih und befreie mich!“

Der Hirsch müht und plagt sich, bis es ihm endlich gelingt, den Baumstamm zu heben. Der Wolf springt auf die Füße und probiert, ob alles noch heil an ihm ist. Welch ein Glück! Die Knochen sind noch ganz. Der Wolf wird lustig und ruft: „So, jetzt fresse ich dich!“

Der Hirsch erschreckt und ruft: „Mich? Schämst du dich nicht? Ich habe dir das Leben gerettet!“

„Ja, dafür danke ich dir. Doch jetzt habe ich Hunger und fresse dich auf!“ spricht der Wolf.

So streiten sie sich. Schließlich fragen sie den Bären um Rat. Der Bär denkt nach und spricht: „Du, Hirsch, hast recht. Es ist nicht schön von dem Wolf, so undankbar zu sein. Aber du, Wolf, hast auch recht; denn du bist hungrig und willst fressen. Zeigt mir noch einmal an Ort und Stelle, wie sich die Geschichte zugetragen hat!“

Alle drei gehen zurück zu dem umgestürzten Baum. Der Hirsch hebt ihn noch einmal hoch, und der Wolf legt sich darunter.

„So, Hirsch, nun lass den Stamm fallen!“ sagt der Bär. Und nun soll der Hirsch den Wolf noch einmal retten.

Er aber meint: „Lieber Bär, ich habe mich heute schon zweimal mit diesem schweren Stamm geplagt. Jetzt hab‘ ich keine Kraft mehr.“

Der Bär spricht: „Wenn du keine Kraft hast, kannst du den Baumstamm nicht heben. Du musst ihn liegen lassen. Das ist nicht zu ändern.“

So geht der Bär seines Weges. „Nein, wirklich, es ist nicht zu ändern!“ spricht der Hirsch und folgt dem Bären.

Und der Wolf bleibt unter dem Baumstamm liegen.

УПРАЖНЕНИЯ

1. Ответь на вопросы к сказке.

1) Wen findet der Hirsch?
2) Wo liegt der Wolf?
3) Befreit der Hirsch den Wolf?
4) Was will der Wolf dann machen?
5) Wen fragen der Wolf und der Hirsch um Rat?
6) Was will der Bär sehen?
7) Wo bleibt der Wolf?

2. Отметь правильные предложения буквой *r* — *richtig*, а неправильные буквой *f* — *falsch*.

1.	Ein Hirsch findet einmal einen Bären.	
2.	Der Wolf liegt unter einem umgestürzten Baum.	
3.	Der Hirsch und der Wolf fragen den Löwen um Rat.	
4.	Alle drei gehen zurück zu dem umgestürzten Baum.	
5.	Der Hirsch hebt den Baum noch einmal hoch, und der Wolf legt sich darunter.	
6.	Der Wolf soll den Hirsch noch einmal retten.	
7.	Der Wolf bleibt unter dem Baumstamm liegen.	

3. Соедини чертой левые и правые отрезки предложений, соответствующие друг другу по смыслу и по форме.

1.	Ein Hirsch findet
2.	Der Hirsch nimmt den Baumstamm

3.	Der Wolf will
4.	Der Hirsch rettet
5.	Der Hirsch und der Wolf zeigen
a.	den Hirsch.
b.	einen Wolf unter einem Baum.
c.	dem Wolf das Leben.
d.	dem Bären die ganze Geschichte wieder
e.	auf sein Geweih.

1.	2.	3.	4.	5.	6.

4. Переведи слова данные в скобках, поставь верную форму.

1) Der Hirsch findet (волка).
2) Der Wolf liegt (под деревом).
3) Der Hirsch hebt (дерево).
4) Die Tiere fragen (медведя) um Rat.
5) Der Bär geht (своей дорогой).

5. Расскажи сказку, пользуясь следующим планом.

1) Олень находит волка.

2) Волк лежит под упавшим деревом.

3) Олень поднимает дерево и спасает волка.

4) Волк хочет съесть оленя.

5) Олень говорит волку: «Ты неблагодарный».

6) Звери просят совета у медведя.

7) Медведь хочет увидеть, как всё было.

8) Волк снова ложится под дерево.

9) Но Олень не хочет больше помогать волку.

10) И Волк остаётся лежать под деревом.

6. Überlegt, wie ihr das Märchen spielen könnt!

7. Erzähle das Märchen so, als ob der Bär es erzählte!

X. Häschen Prahlhans

Im Walde lebt ein Hase.

Immer, wenn er die anderen Hasen trifft, fängt er gleich an zu prahlen: „Mein Schnurrbart ist am längsten, so große Pfoten wie ich hat keiner von euch, meine Zähne sind auch sehr stark — vor niemandem hab‘ ich Angst!“ Da erzählen die Hasen der Krähe von diesem Prahlhans. Sie fliegt weg, um ihn zu suchen, und findet ihn unter einer Wurzel.

Da erschreckt der Hase und sagt ängstlich: „Ich will bestimmt nicht mehr prahlen, liebe Krähe!“

„Womit hast du denn geprahlt?“

„Ich habe gesagt, mein Schnurrbart ist am längsten, so große Pfoten wie ich hat keiner von euch, meine Zähne sind auch sehr stark."

Da zaust ihn die Krähe ein wenig und sagt: „So, nun prahle aber nicht mehr!"

Eines schönen Tages sitzt die Krähe auf einem Zaun. Da kommen ein paar Hunde, holen sie herunter und wollen sie zerreißen. Das sieht der Hase und denkt.

„Wie kann ich der Krähe nur helfen?" Er springt auf einen Hügel. Als die Hunde ihn gesehen haben, lassen sie die Krähe sitzen und stürzen sich auf den Hasen.

Die Krähe fliegt wieder auf den Zaun, der Hase aber entwischt den Hunden.

Am nächsten Tag begegnet die Krähe wieder dem Hasen.

Da sagt sie: „Jetzt bist du kein Prahlhans mehr, jetzt bist du ein schlauer, tapferer Bursche geworden!"

УПРАЖНЕНИЯ

1. Ответь на вопросы к тексту.

1) Wer lebt im Wald?

2) Womit prahlt der Hase?

3) Wem erzählen die anderen Hasen von diesem Prahlhans?

4) Wo findet die Krähe den Hasen?

5) Was verspricht der Hase der Krähe?

6) Wer kann die Krähe zerreißen?

7) Wie hilft der Hase der Krähe?

2. Отметь правильные предложения буквой *r* — *richtig*, а неправильные буквой *f* — *falsch*.

1.	Im Walde lebt ein Hase.	
2.	Der Hase fängt gleich an zu prahlen.	
3.	Die Hasen erzählen der Krähe von diesem Prahlhans.	
4.	Die Krähe fliegt weg, um den Hasen zu suchen, und findet ihn unter einer Wurzel.	
5.	Eines schönen Tages sitzt die Krähe auf einem Zaun.	
6.	Da kommen ein paar Hunde, holen die Krähe herunter und wollen sie zerreißen.	
7.	Der Hase springt auf einen Hügel.	
8.	Als die Hunde den Hasen gesehen haben, lassen sie die Krähe sitzen und stürzen sich auf den Hasen.	
9.	Jetzt ist der Hase ein schlauer, tapferer Bursche geworden!	

3. Найди русский перевод для каждого из немецких предложений.

1. Mein Schnurrbart ist am längsten.
2. Keiner hat so große Pfoten wie ich.
3. Meine Zähne sind auch sehr stark.
4. Ich habe von niemandem Angst.
5. Ich will nicht mehr prahlen.
a. Ни у кого нет таких больших лап.
b. Я не буду больше хвастать.
c. Я ни кого не боюсь.
d. Мои усы самые длинные.
e. Мои зубы тоже очень сильные.

4. Переведи слова, данные в скобках.

1) (В лесу) lebt ein Hase.

2) Der Hase ist (хвастун).

3) Die Krähe findet (зайца).

4) Der Hase erschreckt sich vor (вороны).

5) Eines Tages holen die Krähe (собаки) herunter.

6) Der Hase (помогает) der Krähe.

5. Найди в тексте глаголы, стоящие в Perfekt.

6. Образуй от данных глаголов форму 3 лица единственного числа настоящего времени (Präsens).

Infinitiv	Präsens	Infinitiv	Präsens
treffen	trifft	fangen	fängt
finden		fliegen	
sagen		sitzen	
sehen		springen	

7. Расскажи прочитанную сказку, пользуясь следующим планом.

1) В лесу живёт заяц.
2) Он часто хвастает.
3) Зайцы рассказали о хвастуне вороне.
4) Ворона находит зайца.
5) Заяц пугается вороны.
6) Он обещает больше не хвастать.
7) Однажды собаки поймали ворону.
8) Заяц помог вороне.
9) Теперь заяц стал храбрым.

XI. Die beiden Ziegen

Zwei Ziegen begegneten einander auf einem schmalen Steg, der über einen tiefen Fluss führte. Die eine wollte hinüber, die andere herüber.

„Geh mir aus dem Weg!“ sagte die eine.

Die andere aber rief: „Das wäre mir schön! Ich war zuerst auf der Brücke.

Geh du zurück und lass mich hinüber!“

„Ich will nicht“, sagte die erste, „ich habe hier so viel Recht wie du.“

So wechselten sie noch viele Worte miteinander. Keine wollte nachgeben. Sie zankten sich immer mehr, und schließlich kam es zum Kampf zwischen beiden. Sie senkten ihre Hörner, rannten zornig aufeinander los und stießen heftig zusammen. Dabei fielen beide von der schmalen Brücke in das tiefe Wasser hinein.

УПРАЖНЕНИЯ

1. Прочитай предложения, в которых встречаются глаголы с отделяемыми приставками.

2. Проспрягай следующие глаголы с отделяемыми приставками.

hinübergehen; nachgeben; hineinfallen.

3. Найди русский перевод для каждого из немецких предложений.

1.	Zwei Ziegen begegneten einander auf einem schmalen Steg.
2.	«Geh mir aus dem Weg!»sagte eine Ziege.

3.	Die zweite Ziege gab den Weg nicht nach.
4.	Die Ziegen kämpften miteinander
5.	Beide Ziegen fielen ins Wasser hinein
a.	«Уходи с моей дороги!» — сказала одна коза.
b.	Обе козы упали в воду.
c.	Козы боролись друг с другом.
d.	Вторая коза не уступала дорогу.
e.	Две козы встретились на узком мостике.

1.	2.	3.	4.	5.	6.

4. На основе упражнения 3 перескажи сказку.

Правила спряжения глаголов с приставками
1. Есть отделяемые и неотделяемые приставки.
2. Отделяемая приставка всегда стоит под ударением; неотделяемая является безударной.
3. Отделяемая приставка ставится в конец предложения.

5. Прочитай примеры на глаголы с отделяемыми приставками.

vorlesen — Der Junge liest das Märchen vor.

zurückgehen — Das Mädchen geht nach Hause zurück.

hineinfallen — Der Apfel fällt auf die Erde hinein.

5. Запомни неотделяемые приставки.

be-; ge-; er-; ver-; zer-; ent-; emp-; miss-; wider-; über-.

XII. Die eingebildete Katze

Irgendwo hat die Katze gehört, dass Tiger und Panther zur Familie der Katzen gehören.

„Oho!“ freute sich die Katze. „Und ich wusste gar nicht, was für Verwandte ich habe. Von jetzt an werde ich mich entsprechend benehmen . . . “ — und sprang sie dem Esel auf den Rücken.

„Was sind das für Neuheiten?“ wunderte sich der Esel.

„Bring mich, wohin ich befehle! Weißt du, wer meine Verwandte sind?“ rief die Katze.

„Wer denn?“ fragte der Esel neugierig.

„Der Tiger und der Panther! Wenn du nicht glaubst, könntest du die Krähe fragen.“ Der Esel fragte die Krähe.

Die bestätigte: „Ja, tatsächlich gehören Tiger, Leopard, Luchs, Panther, Jaguar und sogar der Löwe zur Familie der Katzen!“

„Hast du dich jetzt überzeugt?“ rief die Katze. „Trage mich fort!“

„Wohin?“ fragte der Esel ruhig. „Zum Tiger oder zum Panther?“

„Nei — ei -n!“ miaute die Katze da plötzlich. „Bring mich zu diesen . . . wie heißen sie doch gleich . . . zu den Mmm-äu-sen!“

Und der Esel brachte die Katze dahin, wo es Mäuse gab. Eine Katze bleibt eine Katze.

УПРАЖНЕНИЯ

1. Ответь на вопросы к сказке.

1) Was hat die Katze gehört?

2) Was machte die Katze?

3) Welche Tiere gehören zur Familie der Katze?

4) Wohin möchte der Esel die Katze bringen?

5) Wohin wollte die Katze?

2. Отметь правильные предложения буквой *r* — *richtig*, а неправильные буквой *f* — *falsch*.

1.	Tiger und Panther gehören zur Familie der Katzen.	

2.	Die Katze sprang dem Tiger auf den Rücken.	
3.	Die Katze fragte die Krähe.	
4.	Der Esel brachte die Katze dahin, wo es Mäuse gab.	
5.	Eine Katze bleibt eine Katze.	

3. Соедини чертой левые и правые отрезки предложений, соответствующие друг другу по смыслу и по форме.

1.	Der Tiger und der Panther gehören
2.	Die Katze sprang
3.	Der Esel fragte
4.	Der Esel brachte
5.	Eine Katze bleibt
a.	dem Esel auf den Rücken.
b.	die Krähe.
c.	die Katze zu den Mäusen.
d.	zur Familie der Katze.
e.	eine Katze.

4. Образуй форму множественного числа.

Singular	Plural (die)					
	-e / -e	-n	-en	-er /	-s	--
der Tiger						Tiger
der Affe						
die Katze						
das Zebra					Zebras	
das Kamel						
die Robbe						
der Esel						
die Krähe		die Krähen				
der Papagei						

Singular	Plural (die)					
	-e / -e	-n	-en	-er /	-s	--
die Schlange						
die Maus						
der Löwe						
der Bär						
der Wolf						
der Hirsch						
der Vogel						Vögel
der Flamingo						
das Pferd						
der Hund						

5. Прочитай сказку по ролям.

XIII. Der Prinz

/Nach Bertolt Brecht/

Es war einmal ein Prinz, weit im Märchenland. Weil er ein Träumer war, liebte er es sehr, auf einer Wiese nahe dem Schloss zu liegen und träumend in den blauen Himmel zu starren. Denn auf dieser Wiese blühten die Blumen größer und schöner **als wie sonst wo**[1]. Und der Prinz träumte von den weißen, weißen Schlössern mit hohen Spiegelfenstern. **Es geschah aber**[2], dass der alte König starb. Nun wurde der Prinz sein Nachfolger. Und der neue König lebte

---

[1] **Als wie sonst wo** — чем где-бы то ни было

[2] **Es geschah aber** — случилось однако; geschehen (geschah; geschehen) — случаться

jetzt im weißen Schloss mit hohen Spiegelfenstern. Und **träumte von**[1] einer kleinen.

Wiese, wo die Blumen größer und schöner blühten denn sonst wo.

---

[1] **träumen von** (*Dat.*) — мечтать

УПРАЖНЕНИЯ

1. Ответь на вопросы к тексту.

1) Wer lebte im Märchenland?
2) Wo lag der Prinz oft?
3) Wovon träumte der Prinz?
4) Was geschah aber?
5) Wer wurde Königsnachfolger?
6) Wovon träumte der junge König?

2. Отметь правильные предложения буквой *r – richtig*, а неправильные буквой *f – falsch*.

1.	Es war einmal ein Prinz, in der Nähe im Märchenland.	

2.	Auf der Wiese blühten die Blumen größer und schöner als wie sonst wo.	
3.	Der Prinz träumte von den großen weißen Lilien.	
4.	Der junge König träumte von einer kleinen Wiese.	

3. Найди русский перевод для каждого из немецких предложений.

1.	Ein Prinz lebte im Märchenland.
2.	Er war ein Träumer.
3.	Der Prinz träumte von den weißen Schlössern.
4.	Bald starb der alte König.
5.	Jetzt lebte der Prinz im weißen Schloss.
6.	Der junge König träumte von der kleinen Wiese mit den Blumen.

a.	Он был мечтатель.
b.	Молодой король мечтал о маленьком луге с цветами.
c.	Вскоре умер король.
d.	В сказочной стране жил принц.
e.	Принц мечтал о белых замках.
f.	Теперь принц жил в белом замке.

1.	2.	3.	4.	5.	6.

4. Соедини чертой левые и правые отрезки предложений, соответствующие друг другу по смыслу и по форме.

1.	Der Prinz lag oft
2.	Er starrte
3.	Auf der Wiese blühten
4.	Der Prinz wurde
5.	Der neue König träumte

a.	schöne Blumen.
b.	der Königsnachfolger.
c.	auf einer Wiese.
d.	in den blauen Himmel.
e.	von einer kleinen Wiese.

1.	2.	3.	4.	5.

5. Образуй три основные формы глагола, заполнив таблицу.

Infinitiv	Imperfekt	Partizip II
leben		
lieben		
träumen		
starren		
blühen		
sein		
werden		
sterben		

liegen		
geschehen		

6. Расскажи прочитанную историю, пользуясь следующим планом.

1) Жил однажды принц.
2) Он часто лежал на лугу.
3) Там цвели красивые цветы.
4) Но принц мечтал о белом замке.
5) Вскоре он стал королём.
6) Теперь принц жил в белом замке.
7) Но молодой король мечтал теперь о маленьком луге с цветами.

КЛЮЧИ

TILL EULENSPIEGEL UND EIN ALTER MANN

2. Соедини начала предложений с их концовками.

1) e

2) c

3) a

4) b

5) f

6. d

4. Заполни пропуски в предложениях, используя слова и словосочетания, данные под чертой.

1) die Treppe hinauf

2) verdienen

3) zahlen

4) eine gute Lehre

5) mit teurem Geschirr; kaputt

6. Отметь правильные предложения буквой *r* — *richtig*, а неправильные буквой *f* — *falsch*.

1) f

2) r

3) r

4) r

5) f

6) f

GOTT BESTIMMT ALLEN LEBEWESEN IHRE LEBENSZEIT

I.

1. Составь ответы на вопросы к тексту, используя слова справа в правильной форме.

1) Der Esel lebt 30 Jahre.

2) Sein Leben ist sehr schwer.

3) Er soll schwere Lasten tragen.

4) Er erhält 18 Jahre vom Gott.

2. Заполни пропуски, используя слова, данные под чертой.

1) Rücken

2) abends; tragen

3) Arbeit; nur

II.

1. Составь ответы на вопросы к тексту, комбинируя слова и формы справа.

1) Er auch hat ein schweres Leben.

2) Er muss viel laufen.

3) Er ist alt.

4) Er muss aufpassen, dass ihn die Kinder nicht schlagen.

2. Заполни пропуски, используя слова, данные под чертой.

1) laufen

2) Füße

3) Ecke

4) recht

III.

1. Составь ответы на вопросы к тексту, комбинируя слова и формы справа.

1) Ja, er ist immer lustig.

2) Nein, er braucht nicht viel zu arbeiten.

3) Die Leute wollen über ihn lachen.

4) Der Affe bekommt einen Apfel sauren.

2. Заполни пропуски, используя слова, данные под чертой.

1) der Hund

2) sieht

3) sauren

4) bin

IV.

1. Составь ответы на вопросы к тексту, комбинируя слова и формы справа.

1) Er soll 30 Jahre leben.

2) Nein, es ist nicht genug für ihn.

3) Der Mensch bekommt noch 18 Jahre des Esels.

4) Nein, es ist immer noch ihm zu wenig.

2. Заполни пропуски, используя слова, данные под чертой.

1) zu

2) des Hundes

3) erreicht

4) mehr

3. Отметь правильные предложения буквой *r* — *richtig*, а неправильные буквой *f* — *falsch*.

1) r

2) f

3) f

4) f

5) f

IM ZOOGESCHÄFT

2. Скажи «да» или «нет».

1) Peter kann nicht gut schwimmen.

2) Franka und Erich können English sprechen.

3) Mein Freund kann nicht mir gut zuhören.

4) Wir können Federball spielen.

Sie können nicht den Papagei kaufen.

3. Раскрой скобки, поставь глаголы в форму 3-го лица ед. ч.

1) kommt
2) zeigt
3) fragt
4) antwortet
5) kostet
6) spricht
7) hört
8) schweigt

DIE LÖWE UND DIE MAUS

2. Поставь глаголы в нужную форму в настоящем времени.

1) chläft
2) fällt
3) weckt
4) hält
5) spricht
6) läuft
7) sucht
8) sieht

9) befreit

10) rettet

3. Отметьте правильные предложения буквой *r* — *richtig*, а неправильные буквой *f* — *falsch*.

1) r

2) f

3) r

4) r

5) f

6) r

7) f

8) r

9) r

4. Дополни предложения словами из текста

1) der Löwe

2) das Mäuschen

3) großen Pranke

4) Nüsse

5) einem Netz

DIE ROSE UND DAS GÄNSEBLÜMCHEN

2. Ответь на вопросы, опираясь на текст и слова под чертой.

1) weiß
2) rosa
3) gelb
4) violett
5) grün
6) rot
7) blau

DER SCHÖNE WEISSE PELZ

2. Дополни предложения словами из текста.

1) Schnee
2) Blätter
3) ein Hase
4) Vogel
5) ein Fuchs

3. Раскрой скобки, употреби глаголы в форме настоящего времени (Präsens) 3 л. ед. ч.

1) geht
2) läuft
3) sitzt
4) zieht
5) kauft
6) steht
7) gibt
8) passt

4. Выбери правильный предлог и поставь артикль в нужном падеже.

1) im
2) durch den
3) auf dem
4) zu dem Baum
5) im Winter in seinem Kleid
6) in seinem

DIE SÖHNE

2. Заполни пропуски в предложениях, используя слова под чертой.

1) Wasser
2) ein alter Mann
3) stark

4) singt

5) Besonderes

6) Eimer

7) nach Hause

3. Заверши предложения, выбирая слова за чертой, обрати внимание на порядок слов в предложениях с модальными глаголами.

1) Purzelbäume schlagen

2) schön singen

3) nichts Besonderes machen

4) nichts Interessantes erzählen

5) seiner Mutter helfen

DER SÜSSE BREI

2. Дополни предложения словами из текста.

1) Mädchen

2) Wald

3) Frau

4) Töpfchen

3. Из групп слов построй предложения с правильным порядком слов.

1) Das Mädchen brachte das Töpfchen seiner Mutter heim.

2) Das Töpfchen kochte den süßen Brei.

3) Einmal war das Mädchen nicht zu Hause.

4) Die Mutter weiß das richtige Worte nicht.

5) Die Küche und das Haus waren voll.

6) Endlich kam das Mädchen nach Hause.

DER WOLF UND DER HIRSCH

2. Отметь правильные предложения буквой *r — richtig*, а неправильные буквой *f — falsch*.

1) f

2) r

3) f

4) r

5) r

6) f

7) r

3. Соедини чертой левые и правые отрезки предложений, соответствующие друг другу по смыслу и по форме.

1) b

2) e

3) a

4) c

5) d

4. Переведи слова, данные в скобках, и поставь в правильную форму.

1) einen Wolf

2) unter einem Baum

3) den Baum

4) den Bären

5) seines Weges

HÄSCHEN PRAHLHAUS

2. Отметь правильные предложения буквой *r* — *richtig*, а неправильные буквой *f* — *falsch*.

1) r

2) r

3) r

4) r

5) r

6) r

7) r

8) r

9) r

3. Найди русский перевод для каждого из немецких предложений.

1) d

2) a

3) e

4) c

5. b

4. Переведи слова, данные в скобках.

1) Im Wald

2) Prahlhans

3) den Hasen

4) vor der Krähne

5) hilft

DIE BEIDEN ZIEGEN

3. Найди русский перевод для каждого из немецких предложений.

1) e

2) a

3) d

4) c

5) b

DIE EINGEBILDETE KATZE

2. Отметь правильные предложения буквой *r* — *richtig*, а неправильные буквой *f* — *falsch*.

1) r

2) f

3) f

4) r

5) r

3. Соедини чертой левые и правые отрезки предложений, соответствующие друг другу по смыслу и по форме.

1) d

2) a

3) b

4) c

5) e

DER PRINZ

2. Отметь правильные предложения буквой *r — richtig*, а неправильные буквой *f — falsch*.

1) r

2) r

3) f

4) r

3. Найди русский перевод для каждого из немецких предложений.

1) d

2) a

3) e

4) c

5) f

6) b

4. Соедини чертой левые и правые отрезки предложений, соответствующие друг другу по смыслу и по форме.

1) c
2) d
3) a
4) b
5) e

НЕМЕЦКО-РУССКИЙ СЛОВАРЬ

A

Affe m -n, -n — обезьяна

als cj — когда, в качестве, чем

als wie sonst wo — чем где бы то ни было

aufhören vi — прекращать, перестать

aufnehmen (nahm auf, aufgenommen) — поднимать, справиться

aufpassen vi — быть внимательным, следить

aufhalten (hielt auf, aufgehalten) vt — сдерживать

aussehen (sah aus, ausgesehen) vi — выглядеть

B

befreien vt — освободить

begegnen vi (Dat) — встречать

bekannt a — известный, знакомый
bescheiden (beschied, beschieden) vt — сообщать
bestimmen vt — определять
bewundern vt — восхищаться
Bitte f =, -n — просьба
bitten (bat, gebaten) vt — просить
Brunnen m –s, = — колодец
Bursche m –n, -n — парень
Butterblume f =, -en — одуванчик

D

dankbar sein — отблагодарить

E

Ecke f =, -n — угол
Eimer m –s, = — ведро
einbilden sich etwas (Dat.) — возомнить
entsprechend part adj — соответственный
entzücken vt — восхищаться
erhalten (erhielt, erhalten) vt — получать
erreichen vt — достигать

erschrecken (erschrak, erschrocken) vt — пугаться

Esel m -s — осел

F

fallen (fiel, gefallen) — падать

flink a — проворный

G

Gänseblümchen n -s, = — маргаритка

geizig a — жадный

genug adv — достаточный

Geschäft n -(e)s, -e — магазин

geschehen (geschah, geschehen) vi — случаться

Geschirr n -(e)s, -e — посуда

gewandt part adj — ловкий

Geweih n -(e)s, -e — рога

Glück n -(e)s — счастье

Gold n -es,= — золото

Gott m -es, Götter — бог

H

hart a— тяжёлый

heben (hob, gehoben) — поднимать

heil a — здоровый, в порядке

hineinlaufen (lief hinein, hineingelaufen) vi — вбежать

Hirse f = — пшено

Höhle f =, -n — пещера

Horn n -(e)s, Hörner — рог

Hund m -es, -e — собака

Hunger m -e, = — голод

I

immer zu adv — всё больше и больше

in Gefahr — в опасности

J

Jammer m -s, = — беда

jener pron dem– тот

K

klägliche a — жалобный

Körb m -(e)s, = — корзина

kosten vt — стоить

Krähe f =, -n — ворона

kurz a — короткий

L

lachen vi — смеяться

leicht a — лёгкий

Luchs m -es, -e — рысь

lustig a— весёлый

M

mächtig a— могущественный

Magen m -s, = — желудок

meinen vt — считать, думать

meinetwegen adv — так и быть

Mensch m -en, -en — человек

mögen (mochte, gemocht) mod — любить, желать

N

nachdenken (dachte nach, nachgedacht) vi — размышлять

Nachfolger m -s, = — последователь

nachgeben vt — уступать

nah a — близко

nahe adv — вблизи

Neuheit f =, -en — новость

nichts pron — ничто

nichts dagegen — ничего против

nie adv — никогда

noch adv — ещё

Not f =, Nöte — нужда

Nuss f =, Nüsse — орех

O

oben adv — наверху, сверху

oft adv — часто

ohne prp — без

Ohrläppchen n -s, =— мочка уха; лепесток

P

Pfote f =, -n — лапа

plagen vt — мучиться, стараться

prahlen vi (mit Dat.) — хвастаться

Prahlhans m -es, -eh, -hänse — хвастун

Pranke f =, -n — лапа

Preis m -es, -e — цена

Purzelbaum schlagen — кувыркаться

R

recht a– правый

reden vt — говорить

rennen (rannte, geraunt) vi — разбегаться

retten vt — спасать

Rücken m -s,= — спина

S

satt a — сытый

sauer a — кислый

schenken vt — дарить

schlagen (schlug, geschlagen) vt — бить

Schloss n Schlosses, Schlösser — замок, дворец

Schnurrbart m -(e)s, -bärte — усы

schweigen (schwieg, geschwiegen) vi — молчать

seit prp — с, от

seit diesem Tag — с этого дня

senken vt — опускать

sich benehmen — вести себя

sich schämen — стыдиться

sich streiten — спорить

Silber n -s, = — серебро

Spiegel m -s, = — зеркало

Stachel m -s, -n — колючка

starren vi — смотреть

stechen (stach, gestochen) (an Dat.) — колоть

Steg m -(e)s, -e — мостик

sterben (starb, gestorben) vi — умирать

still a — тихий

stoßen (stieß, gestoßen) vi — толкать

süß a — сладкий

T

Tag m -(e)s, -e — день

tanzen vt — танцевать

teilen vt — делить

tief a — глубокий

Topf m -es, Töpfe — горшок, кастрюля

tragen (trug, getragen) vt — носить

träumen vi (von Dat.) — мечтать

trocken a — сухой

U

überzeugen (überzeugte, überzeugt) vt — убеждать

umstürzen vi — падать

unterwegs adv — по пути

V

verdienen vt — зарабатывать

Verkäufer m -s, = — продавец

verschütten vt — проливать

versprechen (versprach, versprochen) — обещать

Verwandte m, f — родственник

voll a — полный

W

wechseln vt — обмениваться

Wiese f =, -n — луг

wirklich a — действительно

wissen (wusste, gewusste) vt — знать

woher — откуда

Wurzel f =, -n — корень; зд.пень

Z

zanken vi (mit Dat.)– браниться

Zaun m -(e)s, Zäune — забор

zausen vt– трепать

Zeit f =, -en — время

zerbrechen (zerbrach, zerbrochen) vt — разбивать, ломать

zernagen vt — разгрызть

Ziege f =,-n — коза

zittern vi– дрожать

Zoogeschäft n -(e)s, -e — в зоопарке

zu viel — слишком много

zuhören (hörte zu, zugehört) vi — слушать

zusammen adv вместе

zwischen prp — между

Содержание

Издание для дополнительного образования
Для широкого круга читателей

Легко читаем по-немецки

12+

САМЫЕ СМЕШНЫЕ РАССКАЗЫ

DIE LUSTIGSTEN GESCHICHTEN

Редактор *Я. Юркина*
Технический редактор *Н. Чернышева*
Компьютерная верстка *В. Брызгаловой*

Подписано в печать 15.07.2021. Формат 840x108/32.
Печать офсетная. Гарнитура CharterITC.
Бумага офсетная. Усл. печ. л. 10,08.
Доп. тираж 2 000 экз. Заказ 3401.

Произведено в Российской Федерации.
Изготовлено в 2021 г.
Изготовитель: ООО «Издательство АСТ»
129085, Российская Федерация, г. Москва,
Звездный бульвар, д. 21, стр. 1,
комн. 705, пом. I, этаж 7
Наш электронный адрес: www.ast.ru
E-mail: ask@ast.ru

Общероссийский классификатор продукции

ОК-034-2014 (КПЕС 2008);
58.11.1 - книги, брошюры печатные

Ищите новинки редакции Lingua здесь: http://ast.ru/redactions/lingua

Отпечатано с электронных носителей издательства.
ОАО "Тверской полиграфический комбинат". 170024, Россия, г. Тверь, пр-т Ленина, 5.
Телефон: (4822) 44-52-03, 44-50-34, Телефон/факс (4822)44-42-15
Home page - www.tverpk.ru Электронная почта (E-mail) - sales@tverpk.ru

«Баспа Аст» ЖШҚ
129085, Мәскеу қ., Звёздный гулзар, 21-үй, 1-құрылыс,
705-бөлме, I жай, 7-қабат.
Біздің электрондық мекенжаймыз: www.ast.ru
Интернет-дүкен: www.book24.kz
Импортер в Республику Казахстан ТОО «РДЦ-Алматы».
Қазақстан Республикасындағы импорттаушы
«РДЦ-Алматы» ЖШС.
Дистрибьютор и представитель по приему претензий на
продукцию в республике Казахстан: ТОО«РДЦ-Алматы»
Қазақстан Республикасында дистрибьютор және өнім
бойынша арыз-талаптарды қабылдаушының өкілі –
«РДЦ-Алматы» ЖШС
Алматы қ., Домбровский көш., 3«а» үй, Б литері, 1 кеңсе.
Тел.: 8(727) 2 51 59 90,91. факс: 8 (727) 251 59 92 ішкі 107;
www.book24.kz
Тауар белгісі: «АСТ»
Өндірілген жылы: 2021
Өнімнің жарамдылық мерзімі шектелмеген.
Өндірілген мемлекет: Ресей
Сертификация қарастырылмаған